AF384714

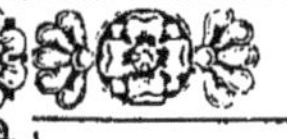

ACTE

PAR LEQUEL LES SIGNATAIRES ET ADHÉRENS

A LA

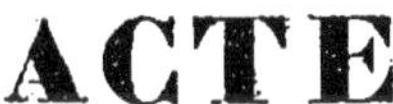

DÉNONCIATION DU 6 AVRIL DERNIER,

AU SUJET DE LA DÉTENTION ARBITRAIRE ET DE LA SÉQUESTRATION

DE S. A. R. MADAME, DUCHESSE DE BERRY;

SE PORTENT PARTIES CIVILES CONTRE LES MINISTRES ET AGENS, AUTEURS ET COMPLICES DE CES CRIMES;

Notifié à MM. les Procureurs-généraux près les Cours royales de Paris et de Bordeaux; à MM. les Juges d'instruction de Paris et de Blaye; à MM. les Procureurs du roi de Paris et de Blaye; à MM. les Présidents et Conseillers composant les Cours royales de Paris et de Bordeaux.

SUIVI

D'UNE PLAINTE POUR CAUSE DE PRÉSOMPTION LÉGALE

DU CRIME DE SUPPOSITION D'ENFANT,

Commis par les Ministres et Agens de Louis-Philippe, envers S. A. R. MADAME, Duchesse de Berry.

PARIS,

De l'Imprimerie de L.-E. HERHAN, rue St-Denis, N° 380.

MAI, 1833.

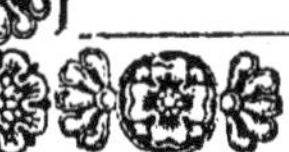

ACTE

PAR LEQUEL LES SIGNATAIRES ET ADHÉRENS

A LA

DÉNONCIATION DU 6 AVRIL DERNIER,

AU SUJET DE LA DÉTENTION ARBITRAIRE
ET DE LA SÉQUESTRATION

DE S. A. R. MADAME, DUCHESSE DE BERRY;

SE PORTENT PARTIES CIVILES CONTRE LES MINISTRES ET AGENS,
AUTEURS ET COMPLICES DE CES CRIMES;

Notifié à MM. les Procureurs-généraux près les Cours royales de Paris et de Bordeaux; à MM. les Juges d'instruction
de Paris et de Blaye; à MM. les Procureurs du roi de Paris
et de Blaye; à MM. les Présidents et Conseillers composant les Cours royales de Paris et de Bordeaux.

PARIS,

De l'Imprimerie de L.-E. HERHAN, rue St-Denis, N° 380.

MAI, 1833.

ACTE

PAR LEQUEL LES SIGNATAIRES ET ADHÉRANS

À

LA DÉNONCIATION DU 6 AVRIL DERNIER,

Au sujet de la détention arbitraire et de la séquestration

DE S. A. R. MADAME, DUCHESSE DE BERRY;

SE PORTENT PARTIES CIVILES contre les Ministres et agens,
auteurs et complices de ces crimes;

Notifié à MM. les procureurs-généraux, près les Cours
royales de Paris et de Bordeaux; à MM. les juges d'instruction de Paris et de Blaye; à MM. les procureurs
du roi de Paris et de Blaye; à MM. les présidents et conseillers composant les Cours royales de Paris et de Bordeaux.

Les Soussignés ont, par un acte du 6 Avril 1833,
dénoncé à MM. les procureurs-généraux près les
Cours royales de Paris et de Bordeaux, et à ces
Cours royales, le crime de détention arbitraire dans

la Bastille de Blaye et de séquestration, commis par les Ministres et les agens de Louis-Philippe, envers la personne de S. A. R. Madame, Duchesse de Berry. M. le Procureur général près la Cour royale de Paris a seul accusé réception de cette plainte par sa lettre du 13 Avril dernier, en déclarant qu'il n'y serait donné aucune suite, tant à cause de l'absence de toute juridiction ordinaire contre les Ministres du Roi, que parce que le fait articulé de l'arrestation de Madame, Duchesse de Berry, ne constitue ni crime ni délit, mais un simple événement politique, déjà apprécié par les corps politiques.

Nous avons lieu d'induire du silence de M. le Procureur général près la Cour royale de Bordeaux que les mêmes motifs l'empêchent d'agir.

Une telle réponse ne saurait ralentir notre zèle ; elle nous impose au contraire des devoirs plus sacrés. Du moment que le Ministère public ignore ou méconnaît l'étendue des obligations qui lui seraient imposées sous un Gouvernement quel qu'il fût, et à plus forte raison, sous un Gouvernement astreint à se soumettre aux conditions établies par une Charte écrite, il déchire le pacte qui a été originairement formé entre le ministère public et les Citoyens ; son institution n'a de vigueur qu'autant qu'elle pro-

tège la liberté de tous , sans exception ; il n'est
maître de l'action publique , qu'autant qu'il n'en-
freint point les droits garantis par la constitution,
et par les lois ; son indépendance à l'égard des par-
ties-plaignantes-n'est point de l'arbitraire ; elle a des
limites constitutionnelles dans les articles 4, 53 ,
54 , 56 et 59 de la Charte, qui établissent en principe l'universalité et l'inviolabilité de la juridiction
criminelle , pour quelque personne que ce soit ;
dans les articles 32 , 49 , 50 et 59 du code d'instruction criminelle qui obligent le ministère public
d'agir en cas de flagrant délit ou de clameur publique ; et dans l'article XI de la loi du 20 Avril 1810
qui donne aux Cours royales , sur la dénonciation
de l'un de leurs membres , le droit de mander le
Procureur général et de lui enjoindre d'informer
sur le crime ou le délit dénoncé.

Le sens et le but de ces dispositions législatives
autorisent les Soussignés à faire une tentative nou-
velle auprès du ministère public, des juges d instruction de Paris , de Bordeaux et de Blaye, de
MM. les Présidents et Conseillers composant les Cours
royales de Paris et de Bordeaux ; et pour rendre
LÉGALEMENT IMPOSSIBLE le refus de ces officiers et
de ces magistrats d'exercer leur initiative et leur

autorité coërcitive, ils déclarent prendre, dans la présente, la qualité de PARTIES CIVILES aux fins de la dite plainte, qualité dont ils justifieront tout à l'heure.

L'art. 32 du code d'instruction criminelle veut, en effet, que dans tous les cas de flagrant délit, lorsque le fait sera de nature à entraîner une peine afflictive ou infamante, le ministère public se transporte sur les lieux, SANS AUCUN RETARD, pour y dresser les procès-verbaux nécessaires à l'effet de constater le corps du délit, son état, l'état des lieux, etc.

Il suffirait donc que le délit et le crime fussent dénoncés, pour qu'il ne fût pas libre au ministère public de ne point agir ; à plus forte raison une action civile et une plainte judiciaire étant formées.

Le Procureur-général ne peut objecter qu'il est l'homme du Gouvernement et lié par les ordres des Ministres. Avant tout, *le ministère public*, d'après la définition d'un homme d'État (1), *est le défen-*

---

(1) M. de Blaire, conseiller d'État, dans son ouvrage de la *Monarchie française depuis 14 siècles*, imprimé à Londres en 1798.

*seur des veuves, des orphelins, des mineurs, de tous
ceux qui ont perdu leurs défenseurs naturels.* Ensuite
il ne relève que du Ministre de la justice, et ce ministre, qui peut lui commander de diriger des poursuites, N'A POINT LE DROIT DE L'EN EMPÊCHER, NI DE
SUSPENDRE OU D'ENTRAVER L'ACTION PUBLIQUE. C'est ce
qu'a décidé en thèse la Cour de cassation par arrêt
du 28 Décembre 1827, rapporté au Bulletin officiel
N° 957, et ainsi conçu : » Attendu que c'est une
erreur manifeste de prétendre que le Ministre de la
Justice a la suprême direction de l'action publique
pour la punition des crimes ou des délits ; que cette
direction est expressément confiée aux Cours royales par l'art. 9 du code d'instruction criminelle ;
que l'art. XI de la loi du 20 Avril 1810 donne à ces
Cours le droit de mander les Procureurs-généraux
et de leur enjoindre de poursuivre les crimes et les
délits ; qu'en confiant ainsi à des corps indépen-
dans la surveillance de l'action publique, qu'en les
autorisant à la mettre en mouvement, CES LOIS ONT
CRÉÉ, EN FAVEUR DE LA LIBERTÉ CIVILE, UNE DES PLUS
FORTES GARANTIES, etc. »

Où en seraient la société et la loi fondamen ale
de la division des pouvoirs, si un procureur-général pouvait se dispenser de former l'action publique,

sous prétexte qu'un fait qui serait assurément un délit ou un crime, à l'égard de tout autre citoyen, n'est qu'un événement politique, et a été apprécié comme tel par les corps politiques? Ne serait-ce pas faire relever le minitère public de la volonté des Ministres investis d'une majorité dans les Chambres, et confondre la puissance judiciaire avec la puissance législative?

Ce mot *événement politique* servirait-il à faire croire que le pouvoir manque à M. le procureur-général pour agir? Quelle erreur serait la sienne ! La puissance territoriale de la loi pénale s'applique à toutes les infractions généralement quelconques, sauf les exceptions spécialement déterminées par la loi. Que cette infraction ait été commise contre un Français ou contre un étranger, elle tombe sous sa juridiction; car c'est un point de jurisprudence constante que lorsque la loi prohibe certaines actions et qu'elle prononce une peine contre ceux qui les commettent, elle statue, abstraction faite de la qualité des personnes. (Arrêt de la Cour de cassation du 29 décembre 1814, au rapport de M. Rateau). Le procureur-général, comme l'a fort bien dit M. Cambacérès, *est le défenseur de la Justice et non de l'opinion du Ministre.*

Or, où est ici l'exception qui pourrait paralyser le pouvoir du ministère public? M. le procureur-général prétend que les ministres ne relèvent point, même pour les crimes ordinaires, de la juridiction commune : où est donc alors la juridiction dont ils relèvent? La juridiction de la Cour des Pairs n'est point organisée; les crimes sur lesquels elle doit prononcer ne sont point encore définis; il n'existe point près d'elle de ministère public; la Cour des Pairs n'a jusqu'ici été saisie des crimes de haute trahison et d'attentat contre la sûreté de l'État que par une ordonnance du Roi, et lorsque l'action publique était déjà intentée. Comment donc serait-il possible que le cours de l'action publique, pour crimes ordinaires, pût avoir lieu par l'organe d'un officier public qui n'existe pas, et que la procédure pût être instruite par les officiers d'une juridiction qui n'est point encore organisée? Comment serait-il possible d'attendre l'autorisation de la Chambre des Députés, ou plutôt la mise en accusation du ministre par cette Chambre, si le crime était commis dans l'intervalle des sessions? Il faudrait donc, en présence d'un flagrant délit, que l'action publique sommeillât, et que la preuve dépérît! On ne peut s'arrêter sérieusement à une pareille objection, surtout si on la place en présence des articles 9 et

22 du code d'instruction criminelle, qui départissent la plénitude de l'action publique au procureur-général, et sous sa direction aux procureurs du Roi ; des art. 29, 274, 275, desquels il résulte que le procureur du Roi ne peut rester maître de l'action publique ; en présence de l'art. 43 de la loi du 28 avril 1810 et de l'art. 42 du décret du 6 juillet 1810, qui portent que toutes les fonctions du ministère public sont *spécialement* et *personnellement* confiées aux procureurs-généraux qui exerceront l'action de la justice criminelle dans l'étendue de leur ressort ; et enfin des articles 115 et 121 du Code pénal, dont l'un punit du bannissement le Ministre qui a commis quelqu'acte arbitraire ou attentatoire à la liberté individuelle, et qui aura refusé ou négligé de le faire réparer ; et l'autre, laissant à la justice son cours ordinaire, lorsque les autorisations requises ont été obtenues (1), affranchit expressément l'action publique de ces formalités préalables, lorsqu'il y a flagrant délit ou clameur publique (2) ! Est-il

---

(1) Il a été jugé qu'une demande en autorisation de poursuivre un fonctionnaire public ne peut être présentée au conseil-d'état, si elle n'a été précédée d'une information judiciaire. (Décret du 9 août 1806, art. 3 ; ordonnance du Roi du 2 janvier 1821).

(2) S'il en était autrement, les ministres seraient juges

possible de déclarer plus positivement que la juridiction ordinaire existe contre les Ministres pour les crimes communs ?

N'est-il pas évident que l'art. 47 de la Charte, combiné avec l'art. 28, limite la juridiction de la Cour des Pairs, relativement aux Ministres, à la connaissance des crimes de haute trahison et d'attentat à la sûreté de l'État ? L'art. 28 en disant : « la Chambre des Pairs connaît des crimes de haute trahison et des attentats à la sûreté de l'État, QUI SERONT DÉFINIS par la loi », et l'art. 47 en ajoutant: « la chambre des Députés a le droit d'accuser les Ministres et de les traduire devant la Chambre des Pairs qui seule a celui de les juger », n'indiquent-ils pas clairement que pour tous citoyens la compétence criminelle de la Cour des Pairs est restreinte aux crimes de haute trahison et d'attentat à la sûreté de l'État, lesquels ne sont pas encore définis ? Quand l'art. 1er de la Charte dit que les Français sont égaux devant la loi, quels que soient d'ailleurs leurs titres et leurs rangs, ne conserve-t-il pas à la

---

dans leur propre cause; car c'est sous leur responsabilité et leur contre-seing que l'ordonnance, autorisant les poursuites, après la transmission des informations commencées au ministère de la justice, est soumise à l'approbation et à la signature du Roi.

loi commune toute sa force contre les Ministres ;
comme contre les autres citoyens, sauf les crimes
matériellement et expressément exceptés par cette
Charte? Ne tombe-t-il pas sous le sens qu'un Ministre coupable d'un assassinat, d'un empoisonne-
ment, d'un vol, par exemple, n'a aucune immu-
nité politique à réclamer, et qu'il doit en rendre
compte à la société ou à cette *Pairie universelle* (1),
juge de toutes les infractions qui intéressent la nature et l'ordre moral?

D'ailleurs, n'est-il pas de l'essence de la juridiction d'être universelle pour les choses et pour les
personnes? N'est-ce pas la base de toutes les chartes
politiques? La Charte de 1830 a-t-elle pu y déro-
ger? y a-t-elle dérogé? L'absence d'une loi sur la
responsabilité des Ministres peut-elle suspendre ce
principe vital et protecteur des sociétés civilisées?
une loi de cette nature le pourrait-elle? L'art. 47
de cette charte ne doit-il pas dès lors évidemment
restreindre aux crimes politiques la compétence ex-
ceptionnelle de la Chambre des Pairs relativement
aux ministres? Et, dans aucune hypothèse, le châti-

(1) admirable définition du Jury par M. le Vicomte de
Chateaubriand.

ment des crimes communs, commis par des ministres, dépendrait-il d'une majorité qui leur serait
acquise ? Le pouvoir judiciaire serait-il scandaleuse-
ment immolé à une majorité ministérielle ?

. La loi commune, inséparable d'une société exis-
tante, garde donc toute sa force contre les Ministres, car la société ne peut subsister sans une action publique prête à se former dans tous les cas
qui peuvent se présenter, lorsqu'un tribunal excep-
tionnel et une procédure particulière n'ont point
été institués par une loi expresse; et cette loi même
ne pourrait s'étendre au cas particulier, sans violer
le principe fondamental de la séparation des pouvoirs exécutif, législatif et judiciaire, et, par conséquent les art. 49, 50, 53, 54, 56 et 59 de la Charte
constitutionnelle.

Les soussignés s'emparent donc de ces diverses
dispositions, et particulièrement des deux dispositions de l'art. 121 du Code pénal, et ils fondent sur la
seconde le droit qu'ont les membres du ministère
public et des Cours royales de Paris et de Bordeaux
de poursuivre, d'informer, de donner ou de signer
l'ordre ou le mandat de saisir ou arrêter, sans autorisation préalable du Conseil d'État ou de la cham-

bre des Députés, les Ministres et agens coupables
de la détention arbitraire et de la séquestration de
Madame, duchesse de Berry.

Il y a ici flagrant délit et clameur publique. La
France entière a protesté, et continue de protester
contre de telles atrocités, contre de telles infamies.
Elle pousse, depuis quatre mois, un cri d'effroi non
interrompu, à la vue de Madame mourante par le
fait des Ministres; le crime vient de se commettre,
il se commet actuellement : il se commet, chaque
jour, à chaque heure qui s'écoule (1), les ministres

---

(1) Voici un extrait du procès-verbal rédigé en la citadelle de Blaye, le premier mars 1833, par MM. Canihac,
Bourges, Ménières et Gintrac, déposé à la Cour royale de
Bordeaux, en contradiction duquel le ministère a publié
à la même époque un faux rapport officiel, renfermant
des assertions diamétralement opposées; il est ainsi conçu:
« Les Soussignés, après avoir pris les renseignemens
relatifs aux circonstances commémoratives de la santé de
MADAME, Duchesse de Berry, et soumis à *un examen
attentif* l'état actuel de S. A. R., résument de la manière
suivante le résultat de leurs observations: l'état des organes
respiratoires *offre les indices d'une lésion grave;* la toux
est fréquente et presque continuelle; elle a augmenté
depuis quelque tems ; elle est saccadée, sèche, accompa-
gnée d'une douleur avec chaleur dans le centre de la poi-

sont poursuivis par la clameur publique (art. 41 du Code d'instr. crim.). C'est donc le cas de leur appliquer la 2ᵉ partie de l'art. 121 du Code pénal(1).

Que les magistrats se hâtent donc d'agir conformément à cet article, et aux articles 32, 53, 40 et 41 du Code d'inst. crim., sans autorisation préalable ; qu'au refus du ministère public, un conseiller courageux se lève, à Paris ou à Bordeaux, pour

---

t ine, depuis le larynx jusqu'à l'épigastre. On distingue jusqu'à la partie postérieure et gauche du thorax, un râle muqueux : le poulx est fréquent, la peau présente un peu de chaleur et se couvre pendant la nuit d'une sueur légère. De ces phénomènes il suit que *les poumons sont le siège d'une irritation vive et profonde*, ayant déjà probablement produit des tubercules à l'état de crudité, susceptibles de prendre un accroissement plus ou moins rapide....

« Il importerait de procurer à MADAME la faculté de se rapprocher le plutôt possible de son pays natal, dont la température paraît devoir être plus favorable au rétablissement de sa santé...... *Ce conseil doit avoir d'autant plus de poids*, que l'état moral de la Princesse ne peut aujourd'hui que recevoir des impressions de plus en plus funestes par l'effet d'une détention prolongée.

(1) Les principes d'ordre et de salut public, dit un grand criminaliste dans un ouvrage qui verra bientôt le jour, COMMANDENT DE SE SAISIR DE LA PERSONNE DE QUICONQUE EST SURPRIS COMMETTANT UN CRIME OU VENANT DE LE COMMETTRE.

dénoncer aux Chambres assemblées un tel crime ;
qu'il lègue à sa famille, à sa patrie et à la postérité
le souvenir d'une grande action ; que ces Cours en-
joignent au procureur-général de poursuivre, conformément à l'art. XI de la loi du 20 avril 1810, et
s'il le faut, qu'elles régularisent ensuite, après les
premières poursuites, la procédure criminelle,
qu'elles auront eu la gloire de provoquer et de com-
mencer !

Nous ajoutons, en second lieu, que nous avons
le droit de nous porter parties civiles, et, en cette
qualité, de contraindre le ministère public et ces
Cours royales à agir.

L'art. 63 du Code d'instr. crim. est ainsi conçu :
« Toute personne qui se prétendra lésée par un
crime ou un délit, pourra en rendre plainte et se
constituer partie civile devant le juge d'instruction,
soit du lieu du crime ou du délit, soit du lieu de
la résidence du prévenu, soit du lieu où il pourra
être trouvé. »

En thèse générale, l'action du ministère public
est entièrement libre et indépendante, et ceux-là
seuls peuvent agir comme parties jointes à cette action, qui ont éprouvé un dommage dans leurs per-

sonnes, leur réputation, ou leur fortune, ou dans les personnes qui sont sous leur puissance, à la conservation des droits desquelles ils procèdent.

Mais les Soussignés se trouvent ici dans une situation extraordinaire et toute spéciale. La liberté politiquequi consiste *dans la sûreté ou dans l'opinion que l'on a de sa sûreté* (1), est violée par le gouvernement même qui doit maintenir cette garantie inviolable de la charte (art. 4). Une confusion monstrueuse du pouvoir judiciaire et du pouvoir exécutif est opérée au mépris de cette Charte (art. 53). L'action des lois est violemment suspendue par le pouvoir exécutif, au mépris de l'art. 13. On se livre à une interprétation politique d'un fait qui doit être caractérisé par sa nature et abstraction faite de la personne qu'il lèse (art. 341 du Code pénal qui s'applique à des *personnes quelconques*). On viole l'institution du ministère public, et l'on renverse cette présomption légale et tutélaire qu'il est censé veiller à la répression de tous les crimes, puisqu'on attaque le principe constitutionnel même en vertu duquel il doit agir. Si les *actions populaires* ne sont plus dans nos usages, c'est sous la condition tacite qu'un délégué de

---

(1) Montesquieu, Esprit des Lois, liv. 12, chap. 1 et 2.

la puissance publique conservera le principe de son pouvoir et la réalité effective de son action. Mais si la Charte est violée, les citoyens rentrent dans leurs droits aux termes de l'article 66 de cette Charte, ainsi conçu : « La présente Charte et tous les droits qu'elle consacre sont confiés au patriotisme et au courage des gardes nationales et de tous les citoyens français. » Une action coërcitive est donc déléguée au peuple par la constitution, et elle l'était déjà par les articles 615, 616 et 617 du code d'instruction criminelle.

Nous ne voulons pas dire que tout citoyen puisse avoir recours à cette force coërcitive, dès qu'il s'imagine que les garanties de la Charte sont violées. Mais ici la violation est flagrante, palpable pour tous, c'est un crime patemment consommé, par l'érection d'une bastille au sein d'un régime de soi-disant liberté, par des actes officiels et publiquement avoués par ceux-là même qui les commettent. Le droit de chacun et de tous les citoyens ne saurait être douteux.

Les Soussignés ne sont donc plus ici PARTIES PRIVÉES, mais en quelque sorte PARTIES PUBLIQUES. Ils rentrent dans leur droit naturel, qui est la plainte adressée, en qualité de parties civiles, aux magistrats, pour faire cesser cette violation de leurs premières garanties et de leur liberté politique dans la personne de S. A. R. Madame, duchesse de Berry, et la compromission du caractère et de l'honneur français : lésions bien supérieures aux atteintes portées à leur personne, à leur fortune, à leur réputation individuelle.

Indépendamment de cette lésion fondamentale, il en est une autre, spécialement relative à deux des Soussignés qui, en vertu de l'art. 8o de la constitution de l'an 8, ont inutilement demandé, en leur qualité d'amis de S. A. R., qu'on leur représentât la personne de l'illustre captive. En effet, cet article ne garantit pas moins aux parens et aux amis de la personne détenue, qu'à elle-même, qu'elle leur sera représentée par le geolier, à moins qu'il ne produise une ordonnance du juge pour la tenir au secret.

Quelles que soient l'origine et la base d'un gouvernement, que pourrait-il rester, même à ses propres yeux, des droits qu'il invoque à l'appui de son existence, si le ministère public, institué par lui, repoussait une pareille plainte ? Que des citoyens quelconques, en grand ou en petit nombre, lui déclarent qu'à partir de ce jour il n'existe plus entre eux et lui aucun pacte politique, qu'ils ne lui doivent plus l'impôt, et qu'ils ne le paieront plus ; que ces citoyens recourent à la force pour se roidir contre la volonté ultérieure de ce gouvernement sur leurs existences : au nom de quel principe les poursuivrait-il ?

Toutes les dispositions fondamentales de la Charte s'enchaînent et sont des conditions les unes des autres. L'article 4, qui porte que la liberté individuelle est garantie, et que personne ne peut être poursuivi ni arrêté que dans les cas prévus par la loi, et dans la forme qu'elle prescrit, est une condition *sinè quâ non* de l'art. 2, qui porte que les Français contribuent, dans la proportion de leur fortune, aux charges de l'État.

La nation devient ici, dans sa propre cause, TUTRICE de toute personne que l'on retiendrait contre toutes les lois, dans cette séquestration prévue et définie par les art. 341 et 344 du Code pénal, et qui emporte contre ses auteurs et complices des peines afflictives et infâmantes. Elle est donc aussi la tutrice de Madame la duchesse de Berry dans l'intérêt de la société comme dans celui de cette princesse infortunée. La situation de MADAME la met dans l'impossibilité de se défendre et de se plaindre. Sa famille exilée ne peut faire entendre sa voix devant les tribunaux français. Dans un pays où les fers de l'esclave tombaient en touchant le sol, on prête et l'on entend prêter à cette princesse, FAITE ESCLAVE dans la citadelle de Blaye, des actes qui ne pourraient mériter de créance qu'autant qu'elle les affirmerait et qu'elle en justifierait à la France dans une entière liberté, mais qui, dans le secret de son cachot, sont radicalement nuls et de nul effet aux yeux de la loi, et constituent de criminels attentats punissables par elle, contre lesquels les Soussignés protestent de la manière la plus expresse et la plus solennelle.

Par ces considérations, nous demandons acte au juge d'instruction de Paris, au juge d'instruction de Blaye, aux procureurs généraux et du roi de Paris, de Bordeaux et de Blaye, aux cours royales de Paris et de Bordeaux, de notre présente déclaration : QUE NOUS NOUS PORTONS PARTIES CIVILES POUR LES CRIMES SUS-ÉNONCÉS ET ARTICULÉS DANS NOTRE DÉNONCIATION DU 6 AVRIL DERNIER, à la forme des

art. 63, 64, 66 et 67 du Code d'instruction criminelle ; faisant, en cas de refus de leur part de procéder dans l'ordre de leurs attributions, toutes réserves de droit.

Fait à Paris, le 1er mai 1833.

Battur, avocat à la Cour royale de Paris; Guillemin ;
avocat à la Cour royale de Paris, ancien avocat à la cour
de Cassation ; Le comte F. de Kergorlay; le comte F. de
Berthier ; Ferdinand de Faucigny prince de Lucinge,
Vicomte Félix de Conny ; Vicomte général de Berthier ;
le Baron de Rivière ; le Comte de Floirac ; le comte de
Guébriant; le baron de Maistre ; de Mauduit, ex-officier
de la garde ; le vicomte de Kergorlay ; le comte du Hamel,
le baron Mengin de Fondragond ; le marquis d'Espinay
saint Luc, maréchal de camp démissionnaire ; le marquis
de Valory; de Verneuil ; le marquis de Montmort ; le
marquis Bausset de Roquefort, ancien magistrat; Duvergier,
avocat, ancien magistrat; le vicomte A. de Baux ; Lahitte,
avocat à la Cour royale de Paris; Servat , ex-garde royal ;
de Puylaroque ; Dolivôt, père; le comte de Feuillasse; le
le marquis de Bournazel ; de Brunet de la Renaudière ,
officier d'État major, démissionnaire ; G. de Salaberry ;
Emile de Saint Luc; Auguste de Lantivy; le Saulx de
Toulencoat, au Faon (finistère); de la Bigottière chevalier,
de Saint Louis, ex-chef d'escadron; le comte Richard de
Vesvrottes, ancien président à la Cour des comptes à
Dijon ; Achille de Raget, inspecteur des contributions di-
rectes, démissionnaire à Metz, Legonidec, ancien député,

à la Pouplière (Calvados) ; le comte de Montalembert d'Essé, à Versailles ; Ravier, à Paris ; Juge de la Villedieu avocat ; Ferdinand de Savignac, ex-capitaine de cavalerie à Niort ; de Marne, capitaine en retraite, propriétaire à Bar-le-Duc ; Guiot Durepaire, ex-officier de la garde; le vicomte de Grassin ; le comte François de Boresdont ; T. de la Rivière, ex-officier de la garde; de Puysieux ; de Bermont à Paris; le chevalier de Longprey, à Montfermeil; C. Leclerc secrétaire, démissionnaire de la préfecture de marne ; Troyes; de Pujot-Ju, ex-maire de Vic ; l'essabe à Vic, à Montpellier; comte René de Bernis; Grenier, avocat ; vicomte Constantin de Dax ; Anduze, avocat ; vicomte Eugène de Roussi ; Lafon, négociant ; de Girard ; Estor, avocat : Amédée Vernhette, avocat, ancien préfet: Poujol, avocat ; Collard: Charles de Boussairolle: Armand de Latude, avocat et ancien magistrat : D'auriol, avocat, et ancien magistrat : marquis de Roquefeuil, à Paris, le vicomte de Toucheboeuf Clermont: M. A. Barbot de la Trésorière : de Fuchers, propriétaire : Morel de St Didier: J. Z. Barbot baron de Saint Georges ; Prosper Piet; Frédéric de Bruc : Maurice Saint Hilaire; C. de Philibeaucourt, étudiant en droit : Comte D'Asnières : Toussaint, étudiant en droit : vicomte Nérée Desserres: F. de Lauzon : Valérius: Thuau, imprimeur : le baron de Lagny : le marquis de Beaumont ; Viault, avocat à la Rochelle : Rouget Lafosse, de Niort ; Leclerc, avocat à Auxerre ; le baron de Gerdy ; le baron Menjaud de Dammartin, ancien officier supérieur: Lottin de Bochonnière, ex-garde du corps ; H. de Clisson, ex-maréchal des logis des gardes du corps ; le comte d'Ussy, ancien capitaine de dragons ; etc. etc.

PLAINTE

POUR CAUSE DE PRÉSOMPTION LÉGALE

DU

CRIME DE SUPPOSITION D'ENFANT,

COMMIS PAR LES MINISTRES ET AGENS DE LOUIS-PHILIPPE,

ENVERS

S. A. R. MADAME, DUCHESSE DE BERRY ;

Adressée à MM. les Procureurs-généraux près les Cours royales de Paris et de Bordeaux ; à MM. les Juges d'instruction de Paris et de Blaye ; à MM. les Présidens et Conseillers composant les Cours royales de Paris et de Bordeaux.

Aux fins de laquelle plainte, comme suite de la dénonciation et de l'action civile des 6 avril et 1ᵉʳ mai derniers, les Soussignés se constituent également parties civiles.

LES PLAIGNANS, QUALITÉ QU'ILS AGISSENT, EXPOSENT :

L'art. 345 du code pénal est ainsi conçu : « Les coupables... de supposition d'un enfant à une femme

qui ne sera pas accouchée, seront punis de la ré-
clusion ».

Les art. 1111, 1112, 1113 du Code civil annul-
lent tout acte qui est le résultat de la violence.

Or, la déclaration insérée dans le Moniteur du
26 février dernier, annonçant le prétendu mariage
secret de MADAME, était l'œuvre de la violence,
1° parce qu'en raisonnant un instant dans l'hypothèse du pouvoir, MADAME n'a pu librement et vo-
lontairement donner une déclaration dont le con-
tenu était de sa nature essentiellement secret, ne
pouvait être, dans sa pensée, destiné à voir le jour
et n'était point par conséquent un acte naturel au-
quel elle put procéder raisonnablement; 2° parce
que la publicité précipitée que lui a donnée le Gouvernement et l'ardeur avec laquelle il s'en est saisi,
en violant la nature de cette communication secrète,
prouvait l'intérêt immense qu'il avait à ce que cette
déclaration fût faite, et dès lors le défaut absolu de
vérité et de spontanéité d'une telle pièce ; 3° parce
que cette déclaration émanait d'une Princesse dans
les fers et retenue contre toutes les lois au secret le
plus absolu, dans un état de complette séquestration, et dont les déclarations quelles qu'elles fussent dans cet état, ne méritaient aucune créance

et n'avaient aucune valeur légale ; 4° et enfin parce
que le Ministère de Louis-Philippe s'étant rendu
maître absolu de la personne de MADAME faite esclave à Blaye , et ayant prouvé par son mépris de
tous les principes de morale et de pudeur à son
égard, qu'il mettait une importance infinie à la
déshonorer , on ne doit regarder cette publication
que comme le premier acte d'un plan arrêté par
lui dans des vues maladroites , ignobles et inefficaces
sans doute ; mais enfin dans des vues qu'il croyait
propres à le fortifier aux dépens de l'honneur et de
l'état de cette Princesse.

De la nullité de cette déclaration suit nécessai-
rement la nullité du procès-verbal d'accouchement
et de l'acte de naissance prétendus du 10 de ce
mois , dressés par les agens du ministère en la citadelle de Blaye ; car ce procès-verbal et cet acte de
naissance en étaient une conséquence forcée ; c'était
le dénoûment de l'intrigue dont la déclaration cons-
tituait les prémices.

Ce procès-verbal et cet acte n'ont , en effet , aucun caractère d'authenticité. Où sont les témoins
d'un pareil fait ? Il n'a pu y en avoir aucun de rece-
vable dans la position de cette Princesse. N'est-ce
pas une chose inouïe , dans l'histoire du genre hu-

main, que de tenir au secret une femme, une Princesse, fille, sœur, nièce et mère de Roi que l'on prétend enceinte, et de vouloir la faire accoucher dans cet état de secret? Ne faut-il pas à la mère qui va donner naissance à un enfant, l'entière liberté de l'air et de la lumière du jour? Une situation régulière et légale au moyen de laquelle puisse se manifester l'entière spontanéité de sa maternité légale, de sa déclaration de mère? Autrement il y a présomption légale de supposition d'enfant, crime prévu par l'art. 345 du code pénal. Et en effet, comment pourrait-il y avoir état civil pour l'enfant, certitude matérielle de sa naissance et de la mère de laquelle il est né, tant que cette mère n'est point libre et dans une situation que la loi avoue? On comprend l'accouchement ou la maternité légale d'une prévenue ordinaire, en communication avec ses défenseurs, ses parens, ses amis et les magistrats. On la conçoit encore dans un état de condamnation, parce qu'alors il n'y a plus secret, parce qu'il y a publicité, caractère essentiel de tous les actes de l'état civil, sans laquelle ils sont radicalement nuls. Mais dans sa position actuelle, MADAME est privée de la vue même des amis qu'elle a réclamés comme conseils; elle est séquestrée du monde entier: elle subit une mort civile de fait. Morte au monde, le monde est mort pour elle; morte à la loi et à la société, le témoignage de ses geôliers, des agens du gouvernement intéressé à son accouchement et partie directe contre MADAME ou des hommes qui céderaient à ses instances pour le déclarer, ne peut être invoqué contre elle; morte à la liberté, son témoignage à elle-même, serait contre elle sans valeur.

Et cependant, à n'examiner que le contexte de ces actes, ils sont sans autorité puisqu'il manquent de la signature des amis de MADAME, présente dans la citadelle savoir: MM. de Brissac et Gintrac, Madame d'Hautefort, qui étaient seuls, témoins recevables, comme amis et devant être choisis par la partie intéréssée. Ils manquent de la signature de MADAME elle-même, qui seule pourrait donner une apparence de probabilité au prétendu mariage et à la filiation de l'enfant supposé. Ils manquent enfin de la signature du prétendu mari qu'il eût été si facile de faire venir pour signer ces actes, et qui dans tous les cas, serait venu pour réclamer sa prétendue femme.

Cette absence des signatures les plus essentielles frapperait encore d'une nullité radicale les témoignages de personnes qui ne parlent dans ces actes qu'au nom de MADAME, tandis qu'elle pouvait parler directement elle-même, et les témoignages d'autres individus qui n'ont point assité à la naissance de l'enfant supposé, naissance qui a eu lieu précisément 12 heures avant le temps fixé pour que les autorités se rendissent à la citadelle de Blaye et y demeurassent en permanence ; naissance à laquelle nul de ces témoins n'a assisté au moment décisif ; témoins parmi lesquels devaient en première ligne se trouver le Maire et le Juge de Paix de Blaye, DÉCLARÉS ABSENTS DANS LE PROCÈS-VERBAL, QUOIQU'ILS N'EUSSENT POINT QUITTÉ LA VILLE.

Il y a donc, dans cet état de choses, présomption légale de supposition d'un enfant à MADAME, faussement déclarée mariée, enceinte et accouchée puisqu'il n'existe aucun acte régulier, au fond et à la forme, capable d'établir un tel fait. Une seule chose reste prouvée jusqu'à la mise en liberté de MADAME, c'est l'intérêt et la volonté du ministère de la faire croire enceinte, intérêt et volonté manifesté par lui dès 1832, dès son arrestation ; et la nécessité où il se trouve dès lors, à la faveur des ténèbres de cette séquestration rendue depuis ses prétendues couches de plus en plus sévère, et sans contradiction légitime et libre, de persuader que cette Princesse est accouchée.

Par ces considérations et par supplément de notre plainte des 6 avril et 14 mai derniers, nous

requérons les procureurs généraux de Paris et de
Bordeaux, les Juges d'Instruction et procureurs du
Roi de Paris et de Blaye ; MM. les présidens et conseillers composant les cours royales de Paris et de
Bordeaux, de poursuivre, d'instruire et d'informer
sur la présomption légale du crime de supposition
d'enfant imputé aux ministres et agens de Louis-Philippe, déclarons nous porter PARTIES CIVILES sur ce
chef comme sur ceux énoncés en nos précédentes
plaintes ; demandons également acte de la présente
déclaration, sous toutes réserves de droit et de fait.

Fait à Paris, le 14 mai 1833.

Battur, avocat à la Cour royale de Paris ; Guillemin,
avocat à la Cour royale de Paris, ancien avocat à la cour
de Cassation ; Le comte F. de Kergorlay ; le comte F. de
Berthier ; Ferdinand de Faucigny prince de Lucinge,
vicomte Félix de Conny ; vicomte général de Berthier ; le
Baron de Rivière ; le comte de Floirac ; le comte de Guébriant ; le baron de Maistre ; de Mauduit, ex-officier de la
garde ; le baron de Sadre ; le vicomte de Kergorlay ; le comte
du Hamel le baron Mengin de Fondragond ; le marquis d'Espinay saint Luc, maréchal de camp démissionnaire ; le marquis de Valory ; de Verneuil ; le marquis de Montmort ; le
marquis de Bausset ; de Roquefort, ancien magistrat ; Duvergier, avocat, ancien magistrat ; le vicomte A de Baux ; Lahitte
avocat à la Cour royale de Paau ; Servat, ex-garde royal ;
de Puylaroque ; Dolivôt, père ; le comte de Feuillasse ;
le marquis de Bournazel ; de Brunet de la Renaudière,

officier d'État major, démissionnaire ; G. de Salaberry ;
Emile de Saint Luc ; Auguste de Lantivy ; le Saulx de
Toulencoat, au Faon (finistère) ; de la Bigottière chevalier,
de Saint Louis, ex-chef d'escadron ; le comte Richard de
Vesvrottes, ancien président à la Cour des comptes à
Dijon ; Achille de Raget, inspecteur des contributions di-
rectes, démissionnaire, à Metz, Legonidec, ancien député,
à la Pouplière (Calvados) ; le comte de Montalembert
d'Essé , à Versailles ; Ravier, à Paris ; Juge de la Villedieu
avocat ; Ferdinand de Savignac, ex-capitaine de cavalerie
à Niort ; de Marue, capitaine en retraite, propriétaire à
Bar-le-Duc ; Guiot Durepaire , ex-officier de la garde ; le
vicomte de Grassin ; le comte François de Boresdont ; T.
de la Rivière, ex-officier de la garde ; de Puysieux ; de
Bermont à Paris ; le chevalier de Longprey, à Montfermeil ; C. Leclerc secrétaire, démissionnaire de la préfecture
de marne ; Troyes ; de Pujot-Ju, ex-maire de Vic ; Pessabe
à Vic ; à Montpellier, comte René de Bernis ; Grenier ,
avocat ; vicomte Constantin de Dax ; Anduze, avocat ;
vicomte Eugène de Roussi ; Lafon, négociant ; de Girard ;
Estor, avocat ; Amédée Vernhette, avocat, ancien préfet:
Poujol, avocat ; Collard, Charles de Boussairolle : Armand
de Latude, avocat et ancien magistrat: D'auriol, avocat,
et ancien magistrat ; marquis de Roquefeuil, à Paris, le
vicomte de Touchebœuf Clermont ; M. A. Barbot de la
Trésorière ; de Fuchers, propriétaire ; Morel de St Didier:
J. Z. Barbot baron de Saint Georges ; Prosper Piet ; Frédéric de Bruc ; Maurice Saint Hilaire; C. de Philibeaucourt,
étudiant en droit ; comte d'Aspières ; Toussaint, étudiant
en droit : vicomte Nérée Desserres; F. de Lauzon ; Valérius:
Thuau, imprimeur ; le baron de Lagny ; le marquis de
Beaumont ; Viault, avocat à la Rochelle ; Rouget Lafosse,
de Niort; Leclerc, avocat à Auxerre ; le baron de Gerdy ;
le baron Menjaud de Dammartin, ancien officier supérieur:
Lottin de Bochonnière, ex-garde du corps ; H. de Clisson,
ex-maréchal des logis des gardes du corps ; le comte d'Ussy,
ancien capitaine de dragons ; Blanc (Siméon Auguste) ;
Granier capitaine de cavalerie ; R. de Savignac négociant à
Caen ; etc. etc.

www.ingramcontent.com/pod-product-compliance
Ingram Content Group UK Ltd.
Pitfield, Milton Keynes, MK11 3LW, UK
UKHW021156140726
13695UKWH00005B/2168